KÂĞIT

Barbara A. Somervill

Çeviri: Barış Cezar

TÜBİTAK
Popüler Bilim Kitapları

TÜBİTAK Popüler Bilim Kitapları 885

Geçmişten Günümüze - Kâğıt
True Stories - The Story Behind Paper
Barbara A. Somervill
Tasarım: Philippa Jenkins
Resimleyenler: Oxford Tasarımcıları ve İllüstratörleri
Görsel Araştırma: Hannah Taylor ve Mica Brancic

Çeviri: Barış Cezar
Redaksiyon: Evra Günhan Şenol
Türkçe Metnin Bilimsel Danışmanı: Prof. Dr. Aytekin Çökelez
Tashih: Simge Konu Ünsal

Text © Capstone Global Library Limited, 2011
Original Illustrations © Capstone Global Library Ltd., 2011
Türkçe Yayın Hakkı © Türkiye Bilimsel ve Teknolojik Araştırma Kurumu, 2015

Bu yapıtın bütün hakları saklıdır. Yazılar ve görsel malzemeler,
izin alınmadan tümüyle veya kısmen yayımlanamaz.

TÜBİTAK Popüler Bilim Kitapları'nın seçimi ve değerlendirilmesi
TÜBİTAK Kitaplar Yayın Danışma Kurulu tarafından yapılmaktadır.

ISBN 978 - 605 - 312 - 122 - 0

Yayıncı Sertifika No: 15368

1. Basım Aralık 2017 (5000 adet)

Genel Yayın Yönetmeni: Mehmet Batar
Mali Koordinatör: Kemal Tan
Telif İşleri Sorumlusu: Zeynep Çanakcı

Yayıma Hazırlayan: Elnârâ Ahmetzâde
Grafik Tasarım Sorumlusu: Elnârâ Ahmetzâde
Sayfa Düzeni: Ekin Dirik
Basım İzleme: Özbey Ayrım - Adem Yalçın

TÜBİTAK
Kitaplar Müdürlüğü
Akay Caddesi No: 6 Bakanlıklar Ankara
Tel: (312) 298 96 51 Faks: (312) 428 32 40
e-posta: kitap@tubitak.gov.tr
esatis.tubitak.gov.tr

Başak Matbaacılık ve Tanıtım Hizmetleri Ltd. Şti.
Macun Mahallesi Anadolu Bulvarı No: 5/15 Gimat Yenimahalle Ankara
Tel: (312) 397 16 17 Faks: (312) 397 03 07 Sertifika No: 12689

İçindekiler

- Kâğıt Her Yerde. 4
- Kâğıdın Tarihi 6
- Kâğıt Yapımı 12
- Kâğıdın Özellikleri 16
- Kâğıt ve Sanat. 19
- Kâğıdı Geri Dönüştürmek 24
- Kâğıdın Geleceği. 26
- Zaman Tüneli. 28
- Sözlük. 30
- Dizin. 31

Kalın yazılan sözcüklerin anlamını
30. sayfadaki sözlükte bulabilirsiniz.

Kâğıt Her Yerde

▲ Gazeteler, üçüncü hamur kâğıda basılır.

Çevremizde her yerde kâğıt var. Yediğimiz yiyeceklerin çoğu kâğıda sarılı. Duvarlarımızı duvar kâğıdı ile kaplarız. Kâğıda basılı gazete, kitap ve dergileri okur, bir yer kirlendiğinde orayı kâğıt havluyla sileriz. Öğrenciler ödevlerini kâğıttan üretilmiş defterlere yapar.

Eğlenmek için çizgi romanlar okur, kâğıttan uçurtmalar uçurur ve renkli kartonlarla el işi yaparız. Yatak odalarımızın duvarlarını posterlerle süsler ve hatıra defterlerine hatıralarımızı yazarız. Faturalar, mektuplar, reklam broşürleri veya tebrik kartları yine kâğıt biçiminde postayla gelir.

Kâğıdın büyük kısmı ağaçların öğütülmesiyle elde edilen **kâğıt hamurundan** yapılır. Kâğıt ayrıca pamuktan, ketenden, ipekten, hatta pirinç ve bambudan bile yapılabilir. Bazı kâğıtlar lateks veya plastik gibi **sentetik** maddelerden üretilir.

Kâğıdın kullanım alanları

Kâğıt dünyanın her yerinde, yüzlerce farklı şekilde kullanılır. Kanadalı inşaat çalışanları çatıdaki kiremitlerin altına su geçirmez kâğıt serer. Almanlar mumlu kâğıt kaplarda meyve suyu satar. Çinliler güzel yazı yazma sanatı olan **hat** için pirinç kâğıdı kullanır. Ayrıca pirinç kâğıdına sebze veya et sarıp kızartarak börek yaparlar. Evet, insanlar kâğıdı yer de! Japonlar *şoji gami* adı verilen özel bir kâğıtla odaları birbirinden ayıran sürme kapılar tasarlar.

Kâğıt para

Kâğıt para güçlü ve dayanıklı kumaş **liflerinden** yapılır. Britanya'nın 5 sterlinlik ve ABD'nin 10 dolarlık banknotları yıpranıp kullanılmaz hâle gelinceye kadar üç yıl kullanılabilir.

▼ Çinliler geceleri parlak kırmızı renkli kâğıt fenerlerle aydınlatır.

Kâğıdın Tarihi

▲ Eskiden kâğıt çoğunlukla paçavralardan yapılırdı.

Kâğıt sözcüğünün batı dillerindeki karşılıkları (İngilizce "paper", Almanca "papier", İspanyolca "papel" vb.), bir tür bitki olan **papirüsten** gelir. Yaklaşık 5000 yıl önce, Eski Mısırlılar papirüsleri ezip yassı hâle getirerek üzerine yazı yazmak için kullanıyordu. Ne var ki papirüs, kâğıttan daha çok ince tahta levhaları andırıyordu.

Eski Çin

Bugün kullandığımıza benzer kâğıtlar üreten ilk insanlar Eski Çinlilerdi. Çinlilerin daha MÖ 8 yılı gibi eski bir tarihte bile keten kumaştan yapılmış kâğıtlara yazdıklarını gösteren kanıtlar var.

Han Hanedanı'nın saltanatı sırasında (MÖ 202-MS 220), Çinlilerin kullandığı kâğıtlar, paçavra da dâhil olmak üzere, birçok farklı malzemeden yapılırdı. MS 105'te, Ts'ai Lun adlı Çinli bir memur paçavraları, balık ağlarını ve dut ağacının kabuğunu ezerek hamur hâline getirdi ve bu hamuru presleyerek yassılttı. Hamur kuruduğunda, Ts'ai yazı kâğıdı elde etmiş oldu.

Eski Çinlilerin kullandığı kâğıt günümüzdekilerden daha kalın ve kabaydı. Ağır lifler giysi yapımı için mükemmeldi. Hatta birkaç tabaka birlikte kullanılarak savaşçılara zırh bile yapılabiliyordu. Çinliler MS 200'lere kadar kâğıdı temel yazım malzemesi olarak kullanmadı.

Kâğıt ticareti

Tıpkı ipek ve baharatlar gibi kâğıt da kısa bir süre sonra dünyanın farklı bölgelerinde ticareti yapılan bir ürün hâline geldi. 610 yılına gelindiğinde, kâğıtçılık kuzeyde Kore ve Japonya'ya, batıda ise Hindistan'a ve Arap ülkelerine yayılmıştı. 700'lü yıllarda, günümüzde Irak olarak bilinen ülkede yer alan Bağdat kentindeki insanlar kâğıt yapmayı öğrenmişti. Kâğıtçılığın Bağdat'tan Kuzey Afrika'da Fas'a ulaşması yaklaşık 200 yıl aldı. Faslı kâğıtçılar kâğıt hamuru için **keten** ve başka bitkilerin liflerinden yararlandı.

İlk kâğıt para

Çinliler MÖ 960'larda kâğıt para kullanmaya başladı. Kâğıt para, metal paralarla dolu ağır keseler taşıma ihtiyacını ortadan kaldırdı.

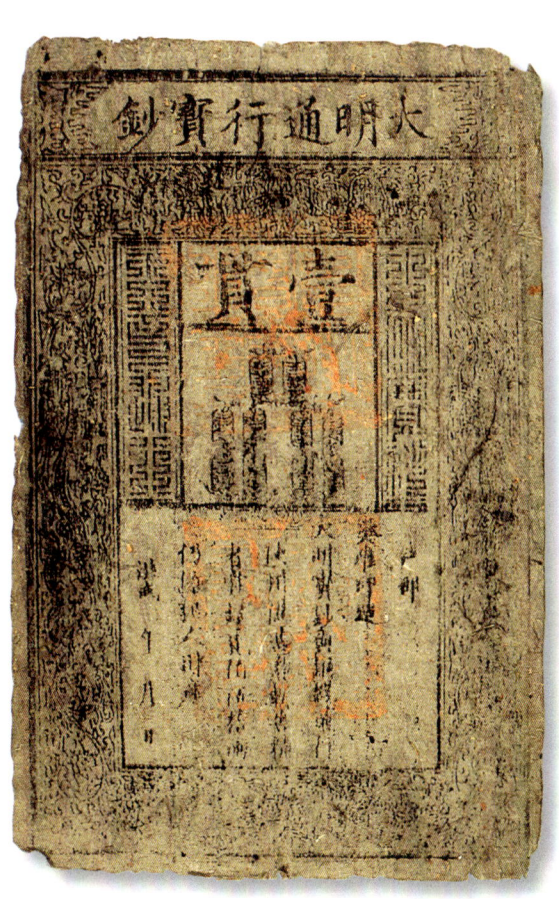

◀ Sung Hanedanı döneminde (MÖ 960–MS 279) Çinliler resimdekine benzer kâğıt paralar kullanıyordu.

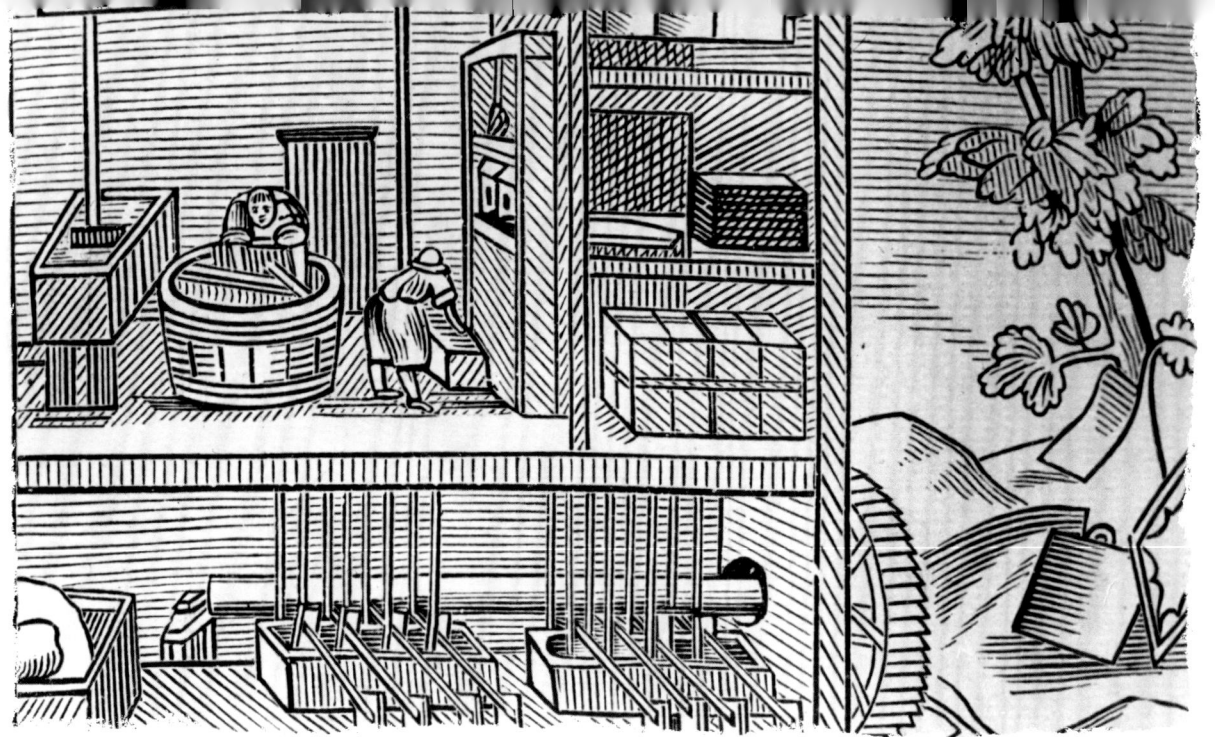

▲ Başlangıçta kâğıt elle üretilirdi.

Avrupa'da kâğıt

Kâğıt 1000'li yıllarda nihayet Avrupa'ya ulaştığında, insanlar kâğıtla pek ilgilenmemişti. O dönemde Roma Katolik Kilisesi çok güçlüydü. Kâğıdın Arap icadı olduğunu sanan kilise, Katoliklerin kâğıt kullanmasını istemiyordu. Onun yerine her ikisi de hayvan postundan yapılan **parşömen** ve **tirşe** kullanılmasında ısrar etti. 1221 yılında, Kutsal Roma İmparatoru II. Friedrich kâğıda yazılmış resmî belgelerin yasal geçerliliği olmadığını ilan etti. Ama kâğıt parşömenden daha ucuzdu ve insanlar da zamanla daha ucuz yazı malzemeleriyle ilgilenmeye başladı.

İtalya

1100'e gelindiğinde, İtalya Avrupa'nın kâğıtçılık merkezi hâline gelmişti. İtalyan kâğıtçılar kâğıt hamuru üretmek için **değirmenler** inşa etti. Bunlar sadece kâğıt yapımında kullanılan büyük binalardı. **Pres** adı verilen makineler kâğıdın yassı tabakalar hâlinde kurumasını sağlıyordu. İtalyanlar ayrıca tel elek **kalıp** kullanımını da başlattı. İşlemi biten kâğıtlar, tıpkı çamaşır gibi ipe asılarak kurutuluyordu.

Artan talep

1200 ve 1300'lerde, kitaplar çok pahalıydı. Her kitabın tek tek elle kopyalanması gerekiyordu. Keşiş adı verilen Katolik din adamları, çoğu kitabı aylarca uğraşıp yazardı. 1439'da Alman mucit Johannes Gutenberg ilk **hareketli baskıyı** geliştirdi. Gutenberg'in geliştirdiği baskı kitap basımını hızlandırdı. Basılan kitapların sayısı arttıkça, kâğıda olan talep de arttı.

Kâğıtçılar yeni, daha iyi, daha verimli çalışan kâğıt değirmeni makineleri geliştirmeye devam etti. Avrupalılar paçavraları daha hızlı bir şekilde kâğıda dönüştürebilmek için günümüzdeki mutfak robotlarına benzer çırpıcılar yaptı. Yeni sistemler kullanan daha iyi kalıplar ve presler geliştirdiler. Yazı kâğıdı, gazeteler, kitaplar ve dergiler sürekli artan kâğıt talebinin birer öğesi hâline geldi.

▼ Kitapların matbaada basılması, kâğıt talebini artırdı.

▲ Kâğıt yapımı 19. yüzyılda zor bir işti.

Makinelerle kâğıt üretimi

1700'lerle beraber Sanayi Devrimi başladı. Bu dönemde yakıtla çalışan makineler elle üretimin yerini aldı. Böylece kâğıt **sanayisinde** pek çok değişim oldu. 1798'de Britanyalı kâğıt üreticisi J. N. L. Robert ilk yassı yüzeyli kâğıt üretim makinesini geliştirdi. Bu makine, kâğıt hamurunu düz bir yüzeye düzgün şekilde yayabiliyordu.

Birkaç yıl sonra, Fransız kimyager Claude-Louis Bertholett kâğıt hamurunun rengini ağartarak bembeyaz kâğıt üretmenin yolunu buldu. Bertholett'ten önceki kâğıtlar soluk kahverengiydi ve bu durum yazıları okumayı zorlaştırıyordu.

19. yüzyılın başlarında kâğıt yapımında çoğunlukla paçavralar kullanılmaya devam ediyordu. Ancak 1843'te Alman mucit Friedrich Keller odunları öğüterek kâğıt hamuruna dönüştüren bir makine geliştirdi. Böylece odun hamurundan yapılan kâğıtlar paçavralardan yapılan kâğıtların yerini aldı. Bir zamanlar yaprak yaprak yapılan kâğıtlar daha büyük, daha güçlü, daha yumuşak ve daha ince hâle geldi. Kâğıtçılık beceri isteyen bir zanaattan sanayiye dönüştü.

Modern çağda kâğıt yapımı

Kâğıt değirmenleri büyüdükçe, kâğıt şirketleri orman arazilerini satın aldı ve kendi ağaçlarını kesip işlemeye başladılar. Belli tür kâğıt veya karton üretimi için yeni makineler geliştirildi. Üretilen yeni kâğıt türlerinden ikisi fotoğraf kâğıdı ve mumlu kâğıttı.

1900'lerde, insanlar kâğıt değirmenlerinin **çevreyi** nasıl etkilediği konusunda endişelenmeye başladı. Kâğıt hamuru ile kâğıt yapımında kullanılan kimyasallar ve hamurun sıkılmasıyla ortaya çıkan fazla su, nehirleri ve toprağı; bacalardan tüten duman ise havayı kirletiyordu. Ağaçların kesilmesi ormanları tahrip ediyordu.

Bu yüzden kirliliği azaltmak için yasalar çıkarıldı. Değirmenler hava ve su kirliliğini azaltmak için filtreler taktı. Kâğıt şirketleri ormanlara yeni ağaçlar dikti ve insanlar kâğıtları **geri dönüştürmeye** başladı. Kâğıt yapımı daha çevre dostu bir hâle geldi.

▼ Bugünkü kâğıt fabrikaları tonlarca kâğıt üretiyor.

Kâğıt Yapımı

▲ Kâğıdın cinsi, o kâğıdın yapımında kaç ağaç kullanılacağını belirler.

Kâğıt hamuru keresteden elde edilebilir. Ağacın kerestesi, bitkilerin iç yapısını destekleyen **selüloz** liflerinden meydana gelir.

Sert keresteli ağaçlardan (akçaağaç ve meşe) elde edilen hamur kısa liflidir ve bundan güzel yazı kâğıdı üretilir.
Yumuşak keresteli ağaçlardan (çam ve ladin) elde edilen hamur uzun liflidir ve bundan daha güçlü, daha sert kâğıt üretilir. Ayrıca pamuk, keten kumaş, keten bitkisi, ipek ve farklı bitkilerden de kâğıt yapılabilir. Buğday gibi tahılların saplarından bile mükemmel kâğıt hamuru elde edilir.

Kerestenin elde edilmesi

Günümüzde, kâğıt yapılacak ağaçların çoğu bu amaçla yetiştirilir. Ağaçlar kesildiğinde yerlerine yeni ağaçlar dikilir. Yumuşak keresteli ağaçlar nispeten hızlı büyür. Kâğıt yapımında kullanılacak bir çam ağacının uygun boya gelmesi yaklaşık 15 yıl alır.

Kâğıdın temel bileşenleri ağaç, su ve enerjidir. Kese kâğıtları, yumuşak kâğıt mendiller, boyama kitapları veya parlak kuşe kâğıttan spor dergileri hep aynı bileşenlerden üretilir.

Çoğu ülkenin kendi kâğıt fabrikaları vardır ama dünyanın en büyük kâğıt üreticisi Amerika Birleşik Devletleri'dir. Japonya, Çin ve Kanada da önemli kâğıt üreticilerindendir. Bütün bu ülkelerin ham madde elde edebileceği çok büyük ormanları vardır. Çoğu değirmen, kâğıt hamuru elde etmek için yüzde yirmi ila yüzde yüz oranında geri dönüştürülmüş kâğıt kullanır.

▼ Bir mikroskopla kâğıttaki ağaç ve diğer bitkilerin liflerini görebilirsiniz.

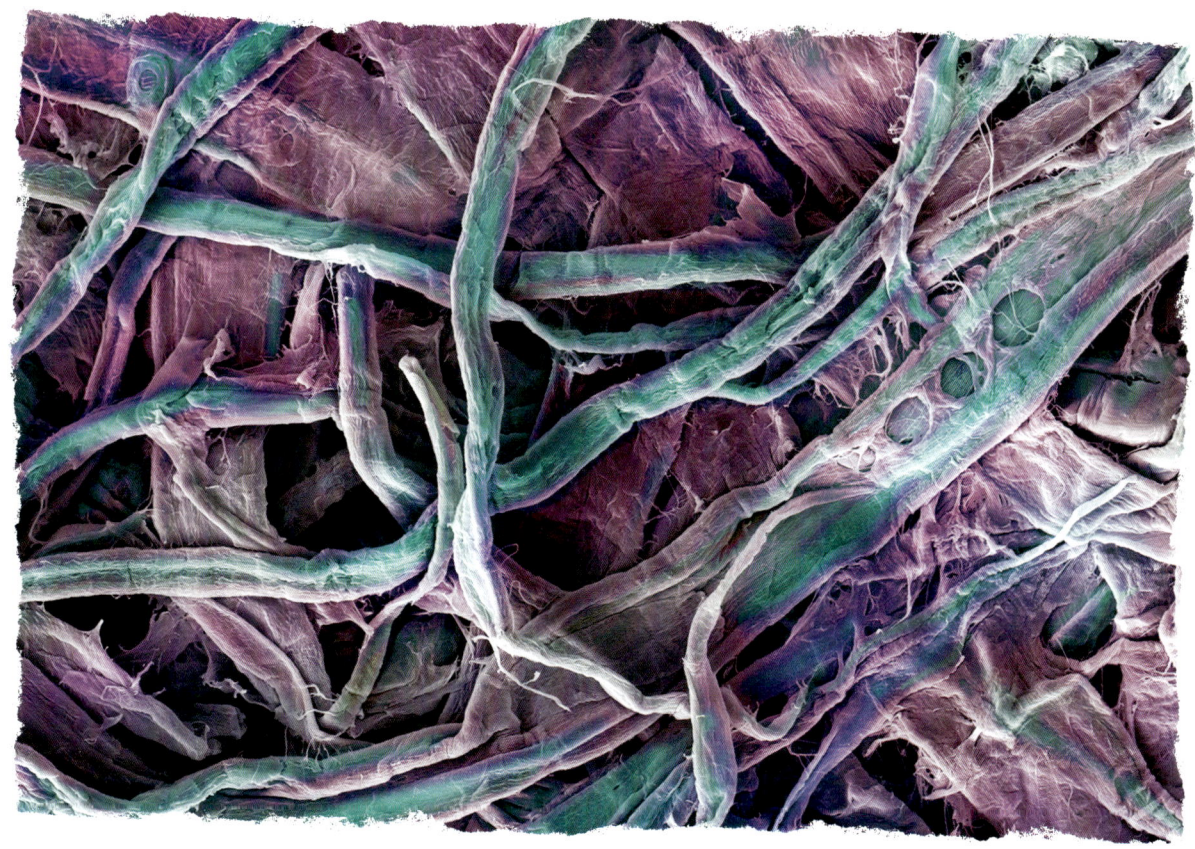

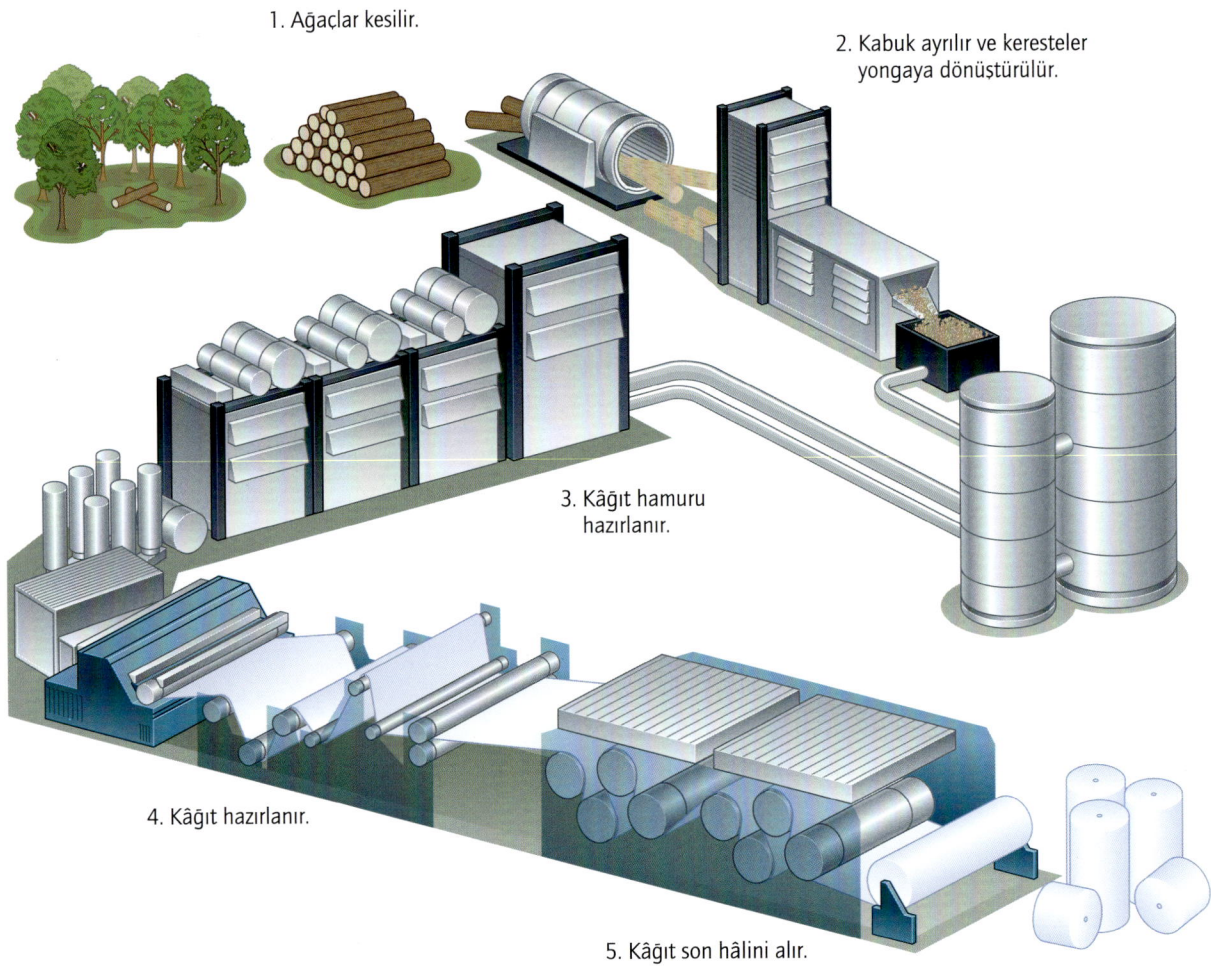

1. Ağaçlar kesilir.
2. Kabuk ayrılır ve keresteler yongaya dönüştürülür.
3. Kâğıt hamuru hazırlanır.
4. Kâğıt hazırlanır.
5. Kâğıt son hâlini alır.

▲ Kâğıt yapım makineleri, keresteleri önce hamura ardından da kâğıda dönüştürür.

Kâğıt üretim süreci

Değirmenler kütükleri işleyerek kabuklarını sıyırır. Kereste temizlenir ve yonga makinesi adı verilen bir makineden geçirilir. Daha sonra yongalar öğütülerek kâğıt hamuruna dönüştürülür. Öğütme ağacın liflerini birbirinden ayırır. Bu liflere su, diğer lifler, renk vermek için boyalar ve çeşitli kimyasallar eklenir. Tüm malzemeler karıştırılarak lapa hâline getirilir.

Tamamen ağaçlardan yapılan kâğıt hamuruna **saf ağaç hamuru** adı verilir. Kâğıt hamuru biraz saf ağaç hamuru ve biraz geri dönüştürülmüş kâğıttan da yapılabilir. Kâğıt hamuru lapası, kâğıt hâline gelmeye hazır olduğunda yaklaşık yüzde 99 oranında su içerir.

Hamurdan kâğıda

Sulu hamuru kâğıda dönüştürmek için önce sudan arındırmak gerekir. Sulu lapa, tel adı verilen ince delikli eleklerin üzerine yayılır. Merdaneler lapayı sıkıştırarak içindeki suyu çıkarır. Merdaneler kâğıdın düzgün olmasını ve sabit bir kalınlığa ulaşmasını sağlar. Daha sonra kâğıt tamamen kuruması için bir dizi sıcak bölmeden geçirilir.

Atık su toplanır ve geri dönüştürülür. Sudaki lif ve kimyasallar ayıklanır. Bunlar daha sonra yakılarak kâğıt değirmenine enerji sağlar. Temizlenen su yeni kâğıt hamuru yapımında kullanılır.

Bitmiş kâğıt

İşlemi bitmiş kâğıt genellikle açılınca uzunluğu 9 metreyi bulan geniş rulolar hâlinde sarılır. Bobin kesici adı verilen bir kesme makinesi ruloları daha kısa rulolara dönüştürür. Bu ruloların ağırlığı 1,1 tondan fazladır ve rulolar forklift ile taşınır.

▼ Renkli kâğıt yapımı için hamura boya katılır.

Kâğıdın Özellikleri

▲ Parlak kuşe kâğıt, renkli dergiler için çok uygundur.

Farklı kâğıt çeşitleri farklı işlerde kullanılır. Yazıcılarda ve matbaalarda kullanılan kâğıtlar gibi bazı kâğıtların düzgün olması gerekir. Tuvalet kâğıdı veya kâğıt mendil gibi bazı kâğıtlar tek kullanımlıktır. Asitsiz kâğıt en az 100 yıl dayanmak üzere yapılır; sanat eserleri veya tarihî belgelerde kullanılır.

Kaplı ve kaplanmamış

Kaplı kâğıdın yüzeyinde çok ince bir kil tabakası vardır. Matbaacılar parlak, kaplı kâğıtları dergiler ve ders kitapları için kullanır. Mürekkep, kâğıdın yüzeyinde kaldığı için baskı net olur. Fotoğraf kâğıdı da kaplı kâğıttır.

Kaplanmamış kâğıt, mürekkebi iyi emer ve gazete kâğıdı olarak hem kullanışlı hem de maliyeti uygun bir seçenektir. Kâğıt aynı zamanda su ve diğer sıvıları da emer. Bu nedenle kâğıt havlu, çocuk bezi ve peçete olarak da kullanılır.

Kâğıdın ağırlığını anlamak

Metrik sistemde kâğıt, metre kare başına gram cinsinden ölçülür (g/m^2 veya **gsm**). Matbaacılar bundan kâğıdın ağırlığı veya gramajı olarak bahseder. Ancak gsm aslında belli bir hacimdeki kâğıdın ağırlığını ifade eder. Bilgisayar yazıcılarında kullanılan kâğıtların gramajı genellikle 80'dir. Kartvizitler 335 veya 400 gramaja sahip kâğıda basılır. Bu kalın ve ağır bir kâğıt cinsidir.

Filigran

Filigran, sahtekârlığı önlemek için kâğıda konulan silik bir işarettir. Bu işaret genellikle kâğıt sadece belli bir açıda tutulduğunda görülür. Filigranlar, kâğıt hamuru henüz ıslakken yapılır. Pahalı yazı kâğıtlarında veya çeklerde filigrana rastlanabilir. İlk filigranlar, 1282 yılında İtalya'da bir belgenin resmî olduğunu göstermek amacıyla kullanılmıştır.

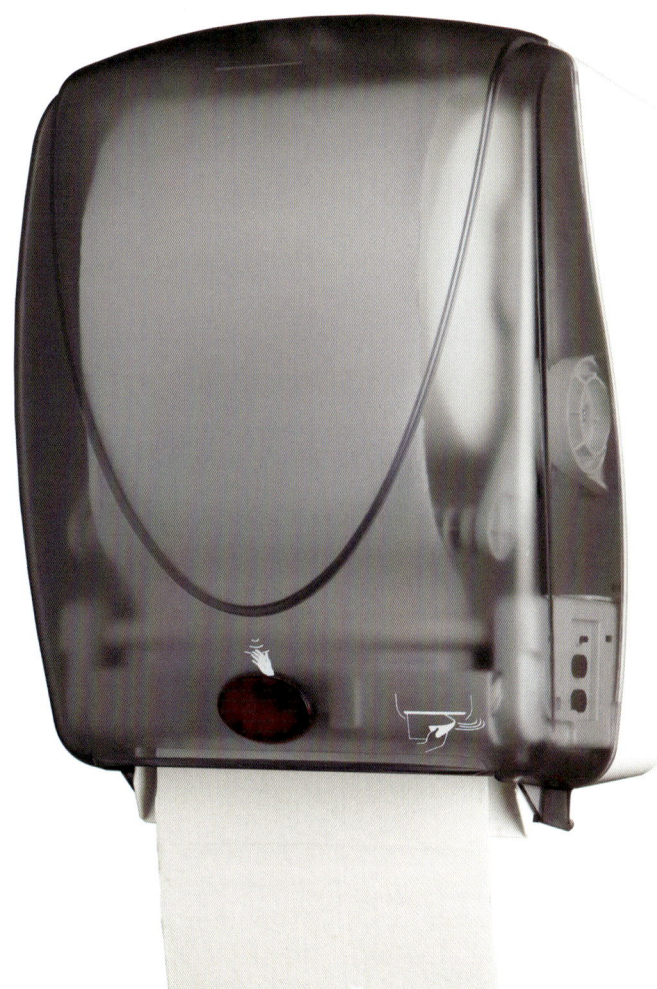

◀ Kâğıt havlu gibi kaplanmamış kâğıtlar suyu çok hızlı emer.

▶ Karton kutular, içindeki eşyaları koruyacak kadar dayanıklıdır.

Sağlamlık

Paketlemede kullanılan kâğıtların dayanıklı olması gerekir. **Kraft kâğıdı**, adını Almanca "güçlü, dayanıklı" anlamına gelen *Kraft* sözcüğünden alır. Kraft kâğıdı kahverengi veya ağartılarak beyazlatılmış; sade veya mumlu ya da plastik kaplı olabilir. Kasaplar kraft kâğıdına et sarar ve alışveriş torbaları genelde kraft kâğıdından yapılır. Plastik kaplı kraft kâğıdı, ürünleri depolarken koruma sağlar; inşaat ve resim sanatı alanlarında da kullanılır.

Karton, kalın kâğıt yapraklarından oluşabilir veya **oluklu**, yani yivli olabilir. Normal kartondan ambalajlar ve kitap kapakları yapılır. Oluklu karton, iki tabaka ince karton ile bunların arasına yerleştirilen bir oluklu tabakadan oluşur. Yiv adı da verilen bu oluklar kartonu daha dayanıklı hâle getirir. Oluklu kartondan yapılan kutular sağlam olur. Oluklu kartonların boyutu, küçük katlanır kolilerden buzdolabı ambalajlarına kadar değişkenlik gösterebilir.

Kâğıt ve Sanat

▲ Sanatçı, elindeki çerçevenin içine, tek bir yaprak kâğıt yapacak kadar kâğıt hamuru alıyor.

Kâğıt sanatsal amaçlarla da kullanılabilir. Bir sanatçı, benzersiz bir kâğıt üretmek için hamura çiçekler ve ufak yapraklar ekler. Yetenekli parmaklar bir yaprak yeşil kâğıdı katlayarak kurbağaya dönüştürür. Yunan tiyatro oyunundaki bir oyuncu, tutkallı kâğıt hamurundan *(papier mâché)* bir maske takar.

Kâğıt yapmak kolaydır. Elle kâğıt yapan sanatçılar kâğıt hamuru üretmek için atık kâğıt ve kumaşlardan yararlanır. Bu süreçte kotlardan eski havlulara kadar her tür malzeme kullanılabilir. Sanatçılar kâğıtlarını daha ilginç bir hâle getirmek için hamura boyalar, çiçekler, yapraklar ve farklı lifler katar. Kâğıt yapmayı denemek isterseniz kırtasiyelerde kâğıt yapım setleri bulabilirsiniz.

▲ Origami sanatçılarının en çok işlediği konulardan biri hayvanlardır.

Origami

Japon kâğıt katlama sanatı *origaminin* püf noktası, tek parça bir kâğıda kesmeden biçim vermektir. Kâğıt Japonya'ya ilk geldiğinde günlük yaşamda kullanılamayacak kadar pahalıydı. Başlangıçta Japonlar *origamiyi* sadece dini törenler için yapardı. Ama 1600'lerden 1800'lere kadar geçen sürede kâğıt yaygınlaştı, *origami* de popüler bir hobiye dönüştü. Günümüzde, *origami* kitaplarında verilen talimatlar sayesinde herkes turna, kuğu veya çiçek yapabilir. Yetenekli *origami* sanatçıları matematik problemlerine dayanan çok karmaşık biçimler oluşturabilir.

Papier mâché

Papier mâché, Fransızca "çiğnenmiş kâğıt" anlamına gelir. Ama bu sanat Çin'de, Han Hanedanı (MÖ 202–MS 220) dönemine kadar uzanan erken bir tarihte başlamıştır. Bu sanatta kâğıt parçaları ve tutkalla nesneler yapılır. Kuruduktan ve *lake* adı verilen renksiz bir tabakayla kaplandıktan sonra *papier mâché* ürünleri sert ve dayanıklı hâle gelir. Tipik *papier mâché* nesneler arasında kuklalar, maskeler, şık kutular, vazolar ve mobilyalar sayılabilir.

▲ Bu meyve ve sebzeler *papier mâché* tekniğiyle yapılmıştır.

Kâğıt heykeller

Kâğıt heykel yapımı, ahşap veya taş heykel yapımından farklıdır. Ahşap ve taş heykelciliğinde malzeme yontularak fazlası atılır. Kâğıt heykelciliğinde ise bir temel üzerine kâğıt eklenerek heykele biçim verilir. Kâğıt heykelciliği için gerekli olan malzemeler kâğıt, makas ve tutkaldır. Kâğıt heykelciliğinin en yaygın uygulama alanlarından biri asılabilen, hareketli süslerin yapımıdır.

▶ Victoria döneminde çok şık tebrik kartları tasarlanırdı.

Tebrik kartları

1400'lü yıllarda, Almanlar yılbaşını kutlamak için birbirlerine tebrik kartları verirdi. O zamandan beri insanlar, bayramlar ve diğer özel günlerde birbirlerine kartlar vermeye başladı. Victoria dönemi (1837-1901) tebrik kartları çok karmaşık ve şıktı; çoğunlukla çizim yapılmış birkaç kat kâğıt veya hareketli kâğıt parçalarından oluşurlardı.

▶ *Scherenschnitte* sanatı uygulanarak işlenmiş bir kâğıtta binlerce minik makas kesiği vardır.

Kâğıt kesme sanatı

Bazı kültürler kâğıt kesmeyi bir sanat hâline getirmiştir. En basit kâğıt kesme sanatı ürünü kar tanesidir. Pek çok çocuk bunu yapmıştır. Victoria döneminde popüler olan **silüet** yapma sanatı ise biraz daha zordur. Silüeti yapılacak model bir ışık ile bir kâğıt parçasının arasına oturur. Sanatçı modelin gölgesinin izini çizer ve bunu siyah kâğıda kopyalar. Kesilen siyah kâğıt bir silüet oluşturur.

Japon *kirie* veya Alman *scherenschnitte* ise çok beceri isteyen sanatlardır. Gerekli temel aletler kâğıt, desen ve sivri uçlu bir makas ya da sanat bıçağıdır. Bu sanatların ürünleri ince işlenmiş dantellere benzer.

Kolaj

Bir zemin üzerine kâğıt ve başka malzemeler yapıştırarak eser oluşturmaya kolaj adı verilir. Kolaj sanatı 900'lü yıllarda Japonya'da, Japon **hattatların** yazdıkları belgelere kâğıt parçaları yapıştırmalarıyla başlamıştır. 1200'lere gelindiğinde, Avrupa'da keşişler el yazmalarına altın yapraklar, mücevherler ve başka nesneler ekliyordu. Renkli pelür kâğıt, kolaj için ideal bir malzemedir. Sanatçılar aynı zamanda daha ağır, dokulu ve desenli kâğıtlar, fotoğraflar veya dergilerden kesilmiş resimler de kullanır.

◄ Yumuşak ve renkli pelür kâğıdıyla çok güzel kolajlar yapılabilir.

Ebrulu kâğıt

Ebru ile kâğıt üzerinde çok güzel renkli desenler yapmak mümkündür. İsterseniz siz de deneyin! Bir fırın tepsisine ince bir tabaka tıraş köpüğü sürün. Tıraş köpüğünün üzerine ince çizgiler hâlinde gıda boyası ekleyin ve çatalla üzerinden geçerek desenler oluşturun. Tıraş köpüğünün üzerine bir sayfa beyaz kâğıt koyun ve hafifçe bastırın. Kâğıdı kaldırın, tıraş köpüğünü sıyırın ve kâğıdı kuruması için düz bir zemine bırakın.

Kâğıdı Geri Dönüştürmek

▲ Geri dönüşüme hazır kâğıtlar.

Çoğu kentte ve kasabada kâğıt geri dönüşüm merkezleri veya yol kenarında yer alan kâğıt toplama alanları vardır. Okullar ve iş yerleri de kâğıtları geri dönüşüm için toplar. Toplanan kâğıtlar **balya** adı verilen yığınlar hâlinde paketlenir ve bir kâğıt değirmenine götürülür. Değirmende, tekrar kâğıt üretim **sürecine** katılmadan önce kâğıtlar yeniden hamura dönüştürülür. Her 5 kâğıt fabrikasından 4'ü yeni kâğıt yapmak için geri dönüştürülmüş kâğıt kullanır.

Geri dönüştürülen kâğıtlar ya **değirmen atığı** ya da **tüketim sonrası atıktır.** Değirmen atıkları, değirmenlerden alınan ve daha önce üzerine hiç baskı yapılmamış atık kâğıtlardır. Tüketim sonrası atıklar ise üzerine baskı yapılmış veya kullanılmış kâğıtlardır. Bu kâğıtların tekrar kâğıt yapımında kullanılmadan önce "mürekkepten arındırılması" gerekir. En iyi kalite kâğıt bile en fazla birkaç kere geri dönüştürülebilir.

Kâğıt her geri dönüştürüldüğünde, lifler daha da kırılır ve sonunda kâğıt oluşturamayacak kadar kısalırlar. Sonuçta geri dönüştürülen kâğıtların yalnızca yüzde 80'i kâğıt üretiminde kullanılabilir. Ama geri dönüştürülmüş kâğıt, kâğıt dışında farklı ürünlerin yapımında da kullanılabilir.

Nihaî ürünler

Kâğıt havlu ve dergilerde kullanılan kâğıt bir miktar geri dönüştürülmüş kâğıt içerir. Kahve filtreleri, yumurta kartonları ve ayakkabı kutuları geri dönüştürülmüş kâğıttan yapılan ürünlerdir. Geri dönüştürülmüş kâğıt, evlerde ya da hayvanlar için yapılan yuvalarda **yalıtım** amacıyla bile kullanılır. Günümüzde eğer bir üründe kâğıt varsa, o kâğıdın bir kısmı geri dönüştürülmüş kâğıttır.

▼ Geri dönüştürülmüş gazetelerden yeni gazete kâğıdı üretilebilir.

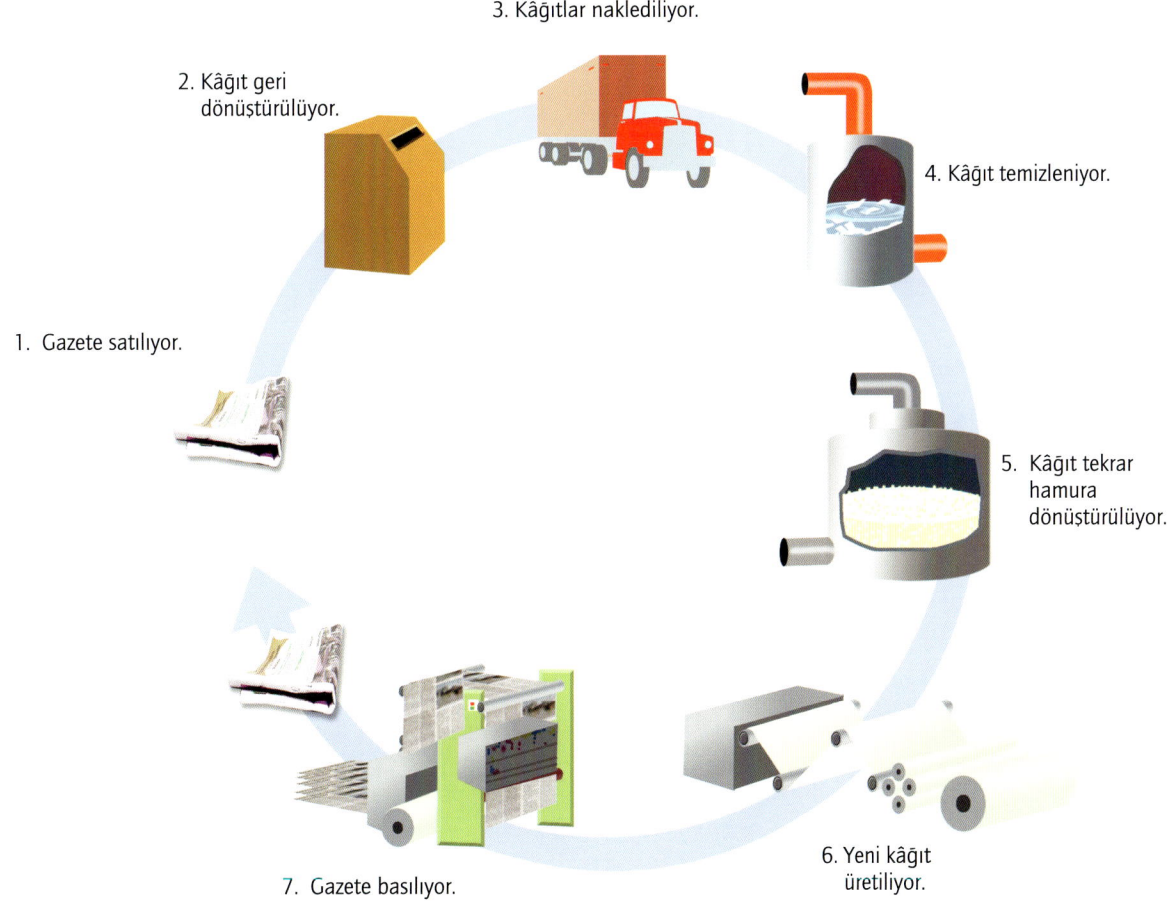

1. Gazete satılıyor.
2. Kâğıt geri dönüştürülüyor.
3. Kâğıtlar naklediliyor.
4. Kâğıt temizleniyor.
5. Kâğıt tekrar hamura dönüştürülüyor.
6. Yeni kâğıt üretiliyor.
7. Gazete basılıyor.

Kâğıdın Geleceği

▲ Geri dönüştürülmüş kâğıtlardan yumurta kartonu yapılabilir.

Geri dönüştürün! ✓

Kâğıttan tasarruf etmek için yapabilecekleriniz:
- Kâğıt tabaklar yerine normal tabak ve bardak kullanın.
- Gazeteleri, dergileri, telefon rehberlerini ve gereksiz mektupları geri dönüştürün.
- Yeni defter satın almadan önce eski defterlerin kalan yerlerini kullanın.
- Bilgisayardan çıktı alırken kâğıdın iki yüzünü de kullanın.
- Kitap satın almak yerine kütüphaneden kitap ödünç alın.

Bütün çöplerin neredeyse üçte biri kâğıt veya kartondur. Geri dönüştürülen her 1,1 ton kâğıt, 30.000 litre su ve 3000 ila 4000 **kilovat** saat enerji tasarrufu sağlar. Yeni kâğıt üretiminde geri dönüştürülmüş kâğıt kullanmak, hava kirliliğini yüzde 95 azaltır. Geri dönüşüm ayrıca binlerce kişiye iş sağlar ve binlerce ağacı kesilmekten kurtarır.

Geri dönüşümün gelişimi

Kâğıt üretiminde geri dönüştürülmüş kâğıt kullanımı saf ağaç hamuru kullanımının iki katı hızla artıyor. Kâğıtta geri dönüşüm; cam, alüminyum veya plastikte olduğundan daha yaygındır. Pek çok ülkede, yeni kâğıt yapımında sadece geri dönüştürülmüş kâğıt kullanılır.

Yarının kâğıdı

Kâğıt değirmenleri kâğıda devamlı yeni kullanım alanları buluyor. Bilim insanları çöp atık alanlarında hızlıca çürüyüp yok olacak paketleme kâğıtları, kâğıt tabaklar ve kâğıt bardaklar üretiyor. Akıllı kâğıttan ambalajlar renk değiştirerek ürünlerin son kullanım tarihinin geçip geçmediğini görmemizi sağlar. Su geçirmez kâğıtlardan mükemmel zarflar yapılabilir ve bu kâğıtlar binaları yağmurdan korumak için de kullanılabilir. Kâğıt yalıtım kullanımı gittikçe yaygınlaşıyor. Hatta kâğıttan pil bile yapılabiliyor. Gelecekte kâğıdı nasıl kullanacağımız yalnızca hayal gücümüze kalmış.

▼ Doğada çözünen bardaklar 45 günde tümüyle çözünür.

Zaman Tüneli

Tarihler çoğunlukla yaklaşık olarak verilmiştir.

yak. MÖ 3000
Eski Mısırlılar, Romalılar ve Yunanlılar yazı yazmak için papirüs kullanıyor.

MS 105
Çinli saray görevlisi Ts'ai Lun, paçavraları ve başka malzemeleri presleyerek yazı kâğıdı üretiyor.

1100'ler
Müslümanlar aracılığıyla kâğıt yapımı İspanya ve İtalya'ya ulaşıyor.

960
Çinliler kâğıt para kullanmaya başlıyor.

1221
Kutsal Roma Germen İmparatoru II. Friedrich kâğıda yazılmış resmî belgelerin yasal geçerliliği olmadığını ilan ediyor.

1282
İtalya'da belgelerin resmî olduğunu göstermek için ilk filigranlar kullanılıyor.

1390
Ulmann Stomer Almanya'daki ilk kâğıt değirmenini açıyor.

1804
Makine yapımı kâğıda ilk defa kitap basılıyor.

1798
Britanyalı kâğıt üreticisi J. N. L. Robert ilk yassı yüzeyli kâğıt üretim makinesini geliştiriyor.

1785
Claude-Louis Berthollet kâğıt hamurunun rengini ağartarak bembeyaz kâğıt üretmenin bir yolunu buluyor.

1843
Friedrich Keller keresteleri öğüterek kâğıt hamuruna dönüştüren bir makine geliştiriyor.

1870
Robert Gair kutu yapımı için oluklu kartonu icat ediyor.

1904
İlk kâğıt tabak yapılıyor.

Bu sembol zaman tünelinde bir ölçek değişikliği olan veya önemli bir gelişme yaşanmadığı için uzun zaman aralıklarının atlandığı yerleri gösterir.

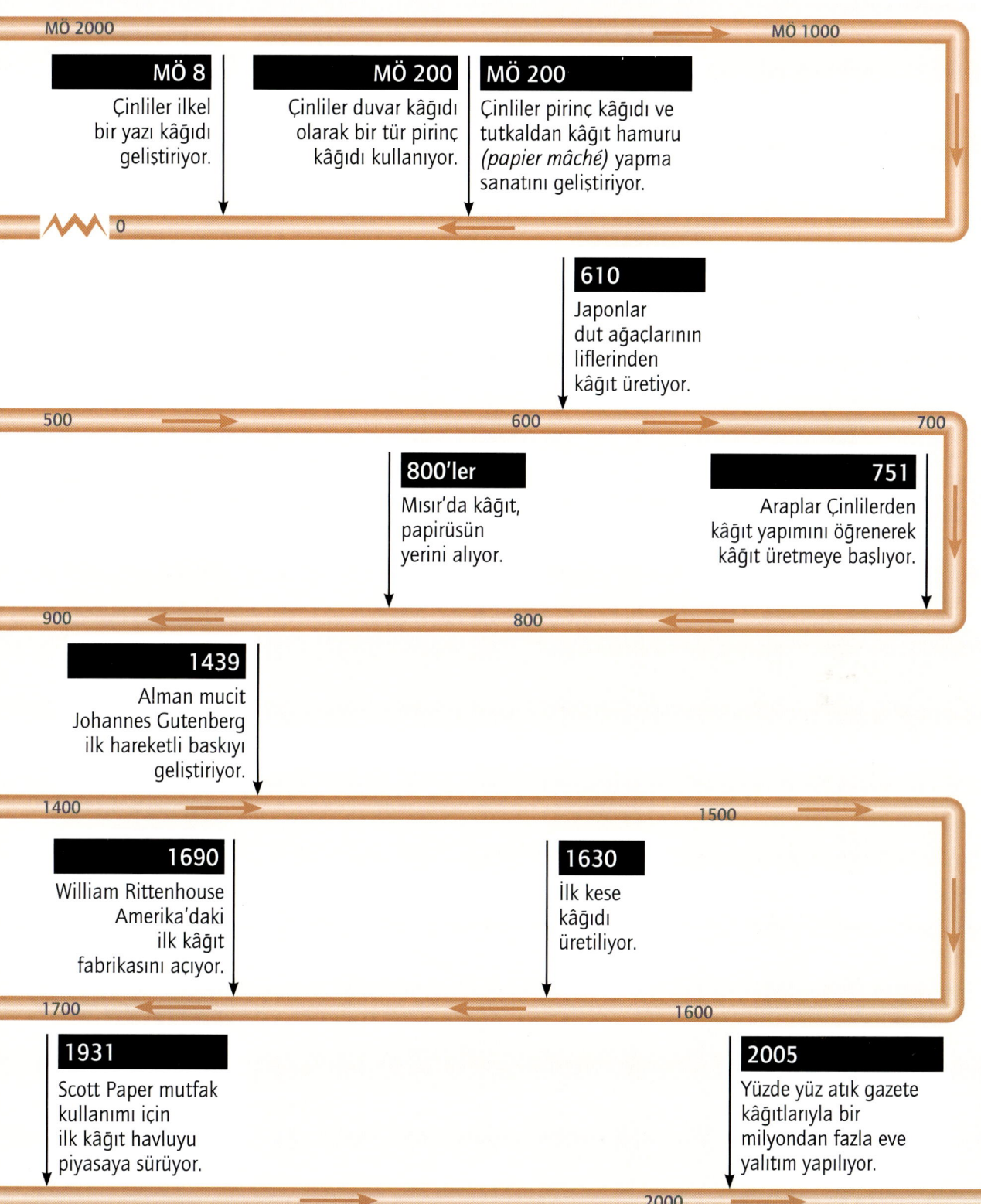

Sözlük

balya Büyük yığın veya paket.

çevre Bir bölgedeki hava, su, mineraller ve tüm canlılar.

çevreyi kirletmek Hava, su ve toprağı, genellikle atık maddelerle, kirli hâle getirmek.

değirmen Ham maddelerin işlendiği imalathane.

değirmen atığı Üzerine hiç baskı yapılmamış olan ve kâğıt değirmeninden elde edilen kâğıt atığı.

filigran Kâğıtta ilk bakışta görülmeyen işaret.

gazete kâğıdı Gazete basmak için kullanılan ince kâğıt.

geri dönüşüm Başka bir kullanım için yenileme, tekrar kullanma veya işlemden geçirme.

gsm Metre kare başına gram, yani bir metreye bir metre boyutlu bir kâğıt yaprağının ağırlığı.

hareketli baskı Bir sözcük veya sembol basmak için bir araya getirilip dizilebilen parça hâlindeki harf veya sembollerle yapılan baskı.

hat sanatı Estetik nitelik taşıyan el yazısı sanatı.

hattat El yazısıyla sanatsal metinler yazan sanatçı.

kâğıt hamuru Kâğıt hâline getirilmeye hazır, pişirilmiş ve dövülmüş bitki lifleri.

kalıp Üzeri kaplı, kazandan kâğıt hamuru almak için kullanılan çerçeve.

keten Lifli bir bitki.

kilovat Elektrik kullanım birimi.

kirie Japon kâğıt kesme sanatı.

kolaj Bir zemin üzerine farklı malzemeler yapıştırarak eser oluşturma sanatı.

kraft kâğıdı Ağır, kahverengi kâğıt.

lif Kâğıt yapımında kullanılan kumaş veya diğer malzemelerin parçası.

matbaa makinesi Kâğıt veya kumaşa mürekkep işlemek için kullanılan makine.

papier mâché Hamurlaşmış kâğıt ve tutkal ile yapılan el işi ürünü.

papirüs Kâğıt benzeri yapraklar üretmek için kullanılan bir tür bitki.

parşömen Kuzu veya keçi derisinden yapılan yazı malzemesi.

pres Islak kâğıtların düzgün ve yassı hâlde kurumalarını sağlayan makine.

oluklu Girintili çıkıntılı veya yivli olan.

origami Japon kâğıt katlama sanatı.

saf ağaç hamuru Ağaçlardan elde edilen ve içinde geri dönüştürülmüş maddeler bulunmayan kâğıt hamuru.

sanayi Büyük ölçekli üretim.

scherenschnitte Alman kâğıt kesme sanatı.

selüloz Ağacın odununu ve bitkilerin iç yapısını meydana getiren madde.

sentetik Kimyasallardan yapılmış, doğada bulunmayan.

sert keresteli ağaç Kerestesi yoğun ve ağır olan geniş yapraklı ağaç türleri. Örneğin meşe veya kiraz.

shoji gami Kapı yapımında kullanılan dayanıklı Japon kâğıdı.

silüet Bir şeklin dış hatları.

süreç Bir iş yapmak için gerçekleştirilen eylemler dizisi.

tirşe Dana derisinden yapılan yazı malzemesi.

tüketim sonrası atık Üzerine baskı yapılmış veya kullanılmış kâğıt atığı.

yalıtım Elektrik, ısı ve ses geçişini engelleme.

yumuşak keresteli ağaç Çam veya sedir gibi yumuşak, lifli kerestesi olan iğne yapraklı ağaçlar.

Dizin

ağaçlar 5, 6, 11, 10, 11, 12, 13, 14, 26
ağartma 10, 18
ağırlık 17
Almanya 5, 9, 10, 21, 22
Amerika Birleşik Devletleri (ABD) 13, 17
asitsiz kâğıt 16

balya 24
Berthollet, Claude-Louis 10
bobin kesiciler 15
Büyük Britanya 5, 10

çırpıcı 9
Çin 5, 6-7, 13, 20
çöp 26, 27

dayanıklı 18
değirmen atığı 24
değirmenler 8, 9, 10, 11, 13, 14, 15, 24, 27
dergiler 9, 12, 16, 23, 25, 26

ebrulu kâğıt 23
el yapımı kâğıt 19

Fas 7
filigranlar 17
fotoğraf kâğıdı 11, 16
Friedrich, II. (imparator) 8

gazete kâğıdı 4, 9, 12, 17, 26
geri dönüşüm 11, 13, 14, 15, 19, 24, 25, 26
Gutenberg, Johannes 9

Han Hanedanı 6, 20
hareketli parçalı matbaa 9
hat sanatı 5, 23
heykeller 21
Hindistan 7

İtalya 8, 17

Japonya 5, 7, 13, 20, 22, 23

kâğıt hamuru 5, 6, 7, 8, 9, 10, 11, 12, 13, 14, 15, 17, 19, 24, 26
kâğıt yapımı 6, 7, 8, 9, 10, 11, 12, 13, 14, 15, 19, 24, 26
kalıplar 8, 9
Kanada 5, 13
kaplanmamış kâğıt 17
kaplı kâğıt 16, 18
kar taneleri 22
karton 11, 18, 26
Keller, Friedrich 10
kirie sanatı 22
kirlilik 11, 26
kitaplar 4, 9, 16, 20, 26
kolajlar 23
Kore 7
kullanım alanları 4, 5, 6, 7, 8, 9, 10, 11, 12, 16-17, 18, 20, 21, 23, 25, 27
kraft kâğıdı 18

lifler 5, 7, 12, 14, 15, 19, 25

merdaneler 15
Mısır 6
mumlu kâğıt 5, 11, 18

oluklu karton 18
origami 20
ormanlar 11, 13
Orta Doğu 7

paketleme 4, 18, 27
papier mâché 19, 20
papirüs 6
para 5, 7
parşömen 8
pelür kâğıt 16, 23
pirinç kâğıdı 5
presler 8, 9

renk 10, 14, 23, 27
resmî belge 8, 17
Robert, J. N. L. 10
Roma Katolik Kilisesi 8, 9

saf ağaç hamuru 14, 26
sahtekârlık 17
sanat 5, 16, 19, 20, 21, 22, 23
Sanayi Devrimi 10
scherenschnitte sanatı 22
selüloz 12
sentetik malzemeler 5
sert keresteli ağaçtan yapılan hamur 12
silüetler 22
su 11, 13, 14, 15, 17, 26
su geçirmez kâğıt 5, 27

talep 9
tebrik kartları 21
teller 15
ticaret 7
tirşe 8
Ts'ai Lun 6
tüketim sonrası atık 24

yalıtım 25, 27
yassı yüzeyli kâğıt yapımı 10
yazı kâğıdı 5, 6, 7, 8, 9, 10, 12, 17, 23
yivler 18
yonga makineleri 14
yumuşak keresteli ağaç hamuru 12, 13

Görseller

Bu kitabın yazarı ve yayıncı kuruluş, telif hakkına konu malzemenin çoğaltılmasına izin veren ve aşağıda anılan kişi ve kuruluşlara şükranlarını sunar:

akg-images s. 6; Alamy s. 10 (© Interfoto), 16 (© Photobywayne), 19 (© Danita Delimont), 22 (© brt COMM); Alamy Image s. 21 alt (© The Art Gallery Collection); Corbis s. 9 (© Bettmann); Getty Images s. 8 (Hulton Archive); istockphoto s. 15 (© Paul Rodriguez); Photolibrary s. 23 (White/Harnett/Hanzon Harnett/Hanzon); Science Photo Library s. 13 (Power and Syred); Shutterstock s. 4 (© Yildirim), 18 (© Dmitry Kalinovsky), 20 (© fotohunter), 24 (© Huguette Roe), 27 (© Anthony Hall), 21 üst (© Andrew Olscher), iii (© Discpicture), 11 (© Moreno Soppelsa), 26 (© design56); The Art Archive s. 7.

Kapaktaki buruşturulmuş kâğıtlar fotoğrafı Getty Images'ın (Stone+/Paul Taylor) izniyle kullanılmıştır.

Bu kitabın hazırlanmasında çok değerli katkılarını bizden esirgemeyen Ann Fullick'e teşekkürü borç biliriz.

Bu kitapta kullanılan materyallerin hak sahiplerine ulaşmak için her türlü çaba gösterilmiştir. Yayımcıya bildirilmesi durumunda her türlü eksiklik sonraki basımlarda giderilecektir.